Tesoros de nuestra ciudad

por Patricia Abello • ilustrado por Ronnie Rooney

Scott Foresman
is an imprint of

PEARSON

Glenview, Illinois • Boston, Massachusetts • Chandler, Arizona
Upper Saddle River, New Jersey

Every effort has been made to secure permission and provide appropriate credit for photographic material. The publisher deeply regrets any omission and pledges to correct errors called to its attention in subsequent editions.

Unless otherwise acknowledged, all photographs are the property of Pearson.

Photo locators denoted as follows: Top (T), Center (C), Bottom (B), Left (L), Right (R), Background (Bkgd)

Illustrations by Ronnie Rooney **CVR, 3-8**

1 (CR) ©Michael Prince/Corbis, (BR) Getty Images, (CL) ©Alex Wong/Getty Images; 4 (C) Getty Images; 5 (C) ©Michael Prince/Corbis; 6 (C) ©Alex Wong/Getty Images; 8 (C) ©Bill Bachmann/The Image Works, Inc.

ISBN 13: 978-0-328-53348-0
ISBN 10:   0-328-53348-3

Copyright © by Pearson Education, Inc., or its affiliates. All rights reserved.
Printed in the United States of America. This publication is protected by copyright, and permission should be obtained from the publisher prior to any prohibited reproduction, storage in a retrieval system, or transmission in any form or by any means, electronic, mechanical, photocopying, recording, or likewise. For information regarding permissions, write to Pearson Curriculum Rights & Permissions, One Lake Street, Upper Saddle River, New Jersey 07458.

Pearson® is a trademark, in the U.S. and/or other countries, of Pearson plc or its affiliates.

Scott Foresman® is a trademark, in the U.S. and/or other countries, of Pearson Education, Inc., or its affiliates.

2 3 4 5 6 7 8 9 10 V0N4 13 12 11 10

Era un día de lluvia. Los niños no podían salir fuera durante el recreo. El señor Díaz los invitó a jugar a las pistas.

—Juguemos a dar pistas sobre algún tesoro de nuestra ciudad. ¿Quién quiere comenzar? —preguntó.

—¡Yo! —dijo Cristina.

Cristina fue al frente de la clase y sacó un papelito. Pensó un rato y dio sus pistas:

—En este lugar hay libros de cuentos, informativos y sobre muchos temas.

—¡La biblioteca! —dijo Camila.

Luego Anita sacó su papelito. Al leerlo, dio sus pistas despacito:

—En este lugar viven animales del mar. Hay tiburones, pulpos y muchos pececitos.

—¡El acuario! —dijo Rafa.

Después fue el turno de Cristóbal. Leyó su papelito y luego dijo:

—Aquí hay vasijas, máscaras y collares. Todo es muy antiguo.

—¡El museo de historia! —dijo Susanita.

Aunque no era su turno, Pablito levantó la mano. Cuando el señor Díaz le dio permiso, dijo:
—Falta un tesoro muy importante.

—¿Cuál crees tú que falta, Pablito? —preguntó el señor Díaz.

—¡Nuestra escuela! —dijo Pablito—. Es el tesoro más importante de la ciudad. Aquí aprendemos sobre todos los tesoros del mundo.

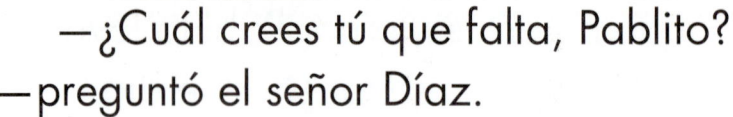